1,2,3, 숫자의 모든 것

: 숫자로 생각하고 움직이는 세상

글 이사벨 토머스, 로버트 클랜튼,
마리아-엘리자베스 니에비우스, 라파엘 호니그슈타인
그림 다니엘라 올레즈니코바
옮김 박혜원

달리

탐험할 내용

- 숫자가 없는 세상을 상상할 수 있나요? 8
- 숫자는 세계 공통어 10
- 동물도 수를 셀 수 있어요! 12
- 염소 두 마리와 콩 한 자루를 맞바꿀 수 있을까? 거래를 하려면 숫자가 필요해 14
- 옛날 사람들은 어떻게 수를 셌을까? 16
- 오늘날 우리가 숫자로 사용하는 열 가지 기호 18
- 수학을 발명한 똑똑한 사람들 20
- 최초의 측량이 주변에 있는 것들로부터 자연스럽게 나왔다고? 22
- 시간과 달력의 기원 34
- 일, 월, 년 - 기본에서 시작하기 36
- 옛날 사람들이 여러 가지 달력을 만든 방법 38
- 500년 된 발명품, 현대의 달력 40

기원전 2000년 · 기원전 1000년

수메르(기원전 4500년~기원전 1900년)
바빌로니아(기원전 2000년경~기원전 539년)
고대 그리스(기원전 1100경~기원전 146년)
고대 로마(기원전 753년~기원후 476년)

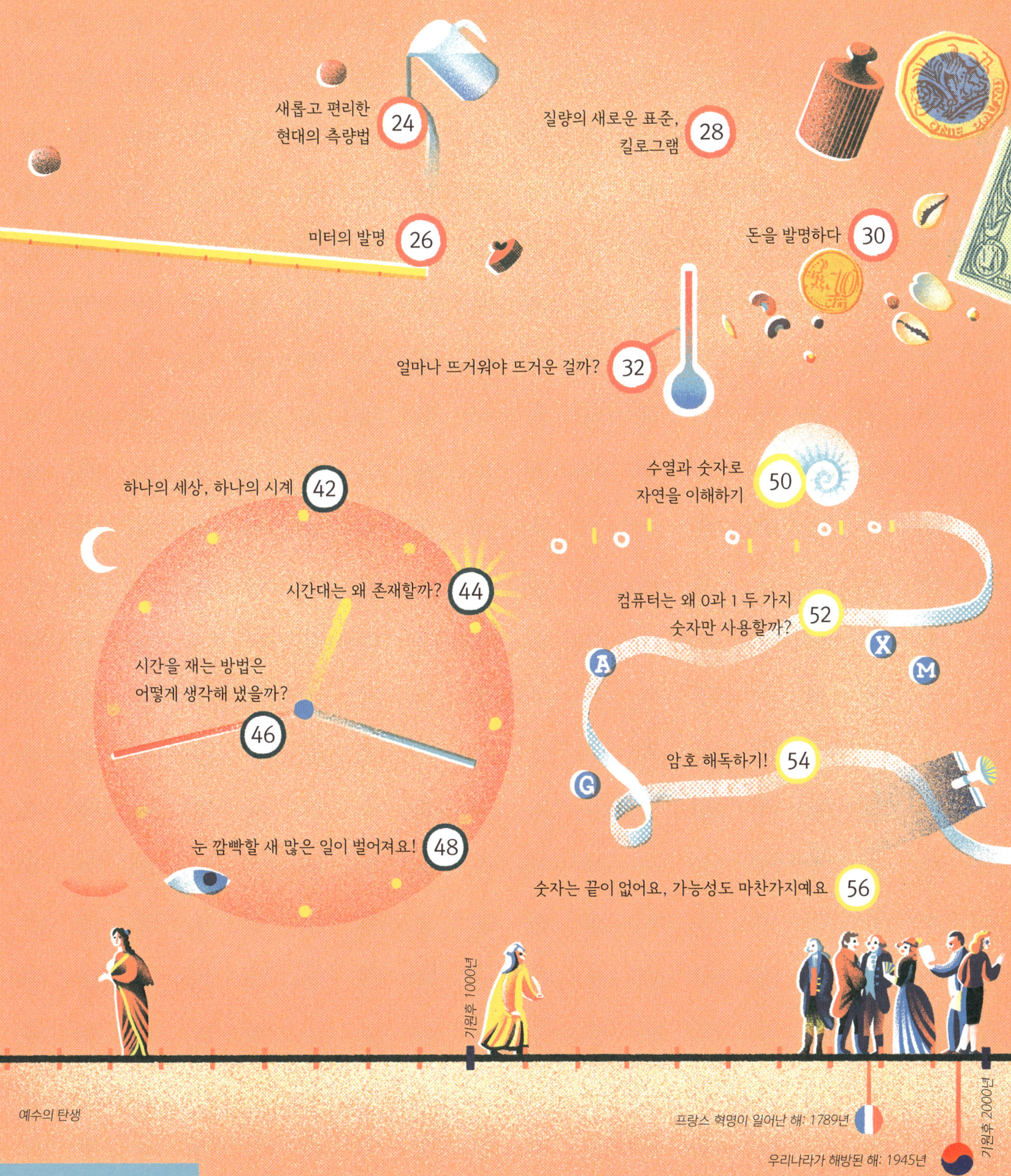

숫자가 없는 세상을 상상할 수 있나요?

숫자는 어디에나 존재해요. 숫자가 있어서 우리는 세상을 보다 넓게 이해하고, 일상을 보다 편리하게 살아갈 수 있어요.

모든 사물과 현상은 그 안에 감춰진 숫자들을 자세히 관찰하면 깊이 이해할 수 있답니다. 숫자를 공부하는 학문을 수학이라고 해요. 우리는 숫자의 패턴과 관계를 조사하는 방법으로 수학을 통해 우주의 역사, 거대한 행성의 탄생부터 작은 개미의 행동 등에 이르기까지 많은 걸 깨닫게 되었어요.

또한 우리는 자연계에 있는 규칙과 패턴을 꼼꼼히 관찰하여 전기와 인공조명부터 구름 사이로 뾰족한 빌딩, 달로 휙 날아가는 로켓, 눈 깜짝할 사이에 수백만 건의 계산을 뚝딱해 내는 컴퓨터까지 놀랍고 새로운 걸 만들어 왔지요!

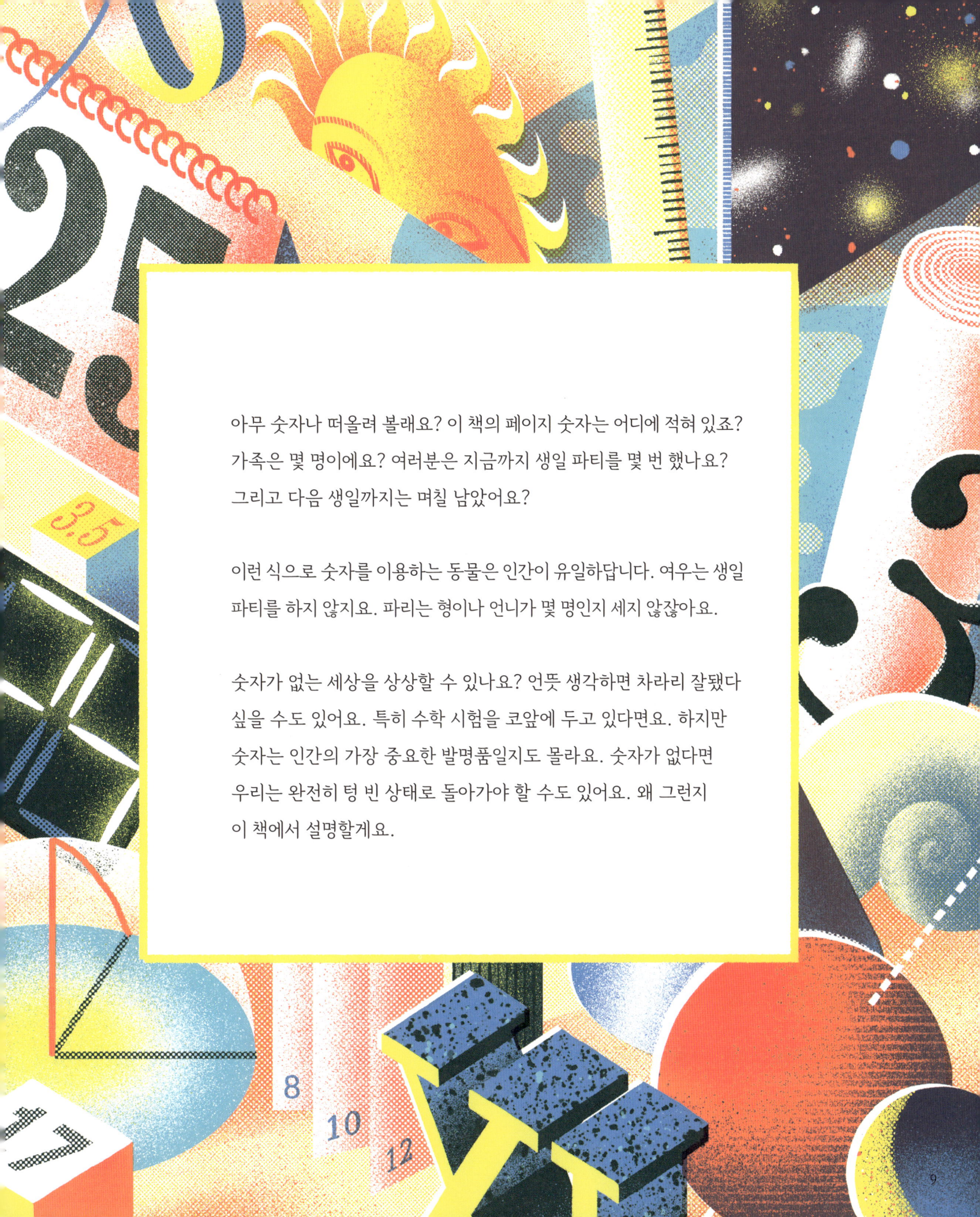

아무 숫자나 떠올려 볼래요? 이 책의 페이지 숫자는 어디에 적혀 있죠? 가족은 몇 명이에요? 여러분은 지금까지 생일 파티를 몇 번 했나요? 그리고 다음 생일까지는 며칠 남았어요?

이런 식으로 숫자를 이용하는 동물은 인간이 유일하답니다. 여우는 생일 파티를 하지 않지요. 파리는 형이나 언니가 몇 명인지 세지 않잖아요.

숫자가 없는 세상을 상상할 수 있나요? 언뜻 생각하면 차라리 잘됐다 싶을 수도 있어요. 특히 수학 시험을 코앞에 두고 있다면요. 하지만 숫자는 인간의 가장 중요한 발명품일지도 몰라요. 숫자가 없다면 우리는 완전히 텅 빈 상태로 돌아가야 할 수도 있어요. 왜 그런지 이 책에서 설명할게요.

숫자는 세계 공통어

전 세계 사람들은 덧셈, 뺄셈, 곱셈, 나눗셈이란 기본 규칙에 따라 숫자를 사용해요.

2+2는 언제나 4예요. 5-3의 답은 늘 2고요. 3×3은 당연히 9죠. 10÷2의 정답은 항상 5입니다. 모두가 이 규칙을 이해하고 따르기 때문에, 숫자는 전 세계 사람들이 다 같이 쓰는 언어라 할 수 있어요.

깜짝 놀랄 만큼 신기한 게임을 해 볼까요?
D. R. 카프리카라는 인도 수학자가 알아낸 흥미로운 게임이랍니다.
어떤 숫자를 고르든 마지막에는 늘 똑같은 숫자가 나와요!

1단계

네 자릿수 숫자를 떠오르는 대로 적어 보세요.
(이때 적어도 두 개는 다른 숫자를 골라야 해요.)

4793

2단계

가장 큰 숫자부터 순서대로 배열해 보세요.
그런 다음, 거꾸로 가장 작은 숫자부터
배열해 보세요.

9743   3479

3단계

큰 수에서 작은 수를
빼세요.

9743 - 3479 = 6264

4단계

2단계와 3단계를 반복하세요.
최대 일곱 번을 되풀이해야 할 수도 있어요.

6642 - 2466 = 4176
7641 - 1467 = 6174

처음에 어떤 숫자를 골랐든 결국 똑같은 숫자가
나온답니다. 그 숫자는 바로 6,174이지요.
이 숫자를 '카프리카의 수'라고 한답니다.
자, 여러분도 같은 결과가 나왔나요?

동물도 수를 셀 수 있어요!

여러분은 어렸을 때 손가락으로 수를 세는 법을 배웠을 테고, 이제 덧셈 정도는 쉽게 할 수 있을 거예요. 두 뭉치 중 어느 쪽에 사탕이 더 많은지는 계산하지 않고도 보자마자 알아낼 수 있고요! 슬쩍 보고도 양을 비교할 수 있는 능력을 '숫자 감각'이라고 하는데, 우리는 이 감각을 지닌 채 태어나고 자라면서 점점 더 익히게 되지요.

숫자 감각이 뛰어난 동물들도 많아요.
숫자 감각은 다양한 상황에서 유용하게 쓰이거든요.

물새는 자신이 알을 몇 개나 낳았는지 알고 있어요. 게으른 새들이 물새가 대신 길러 주기를 바라며 몰래 물새 둥지에 알을 낳고 달아날 때가 있는데, 물새는 알의 개수가 늘어난 걸 눈치채고 그 알은 키우지 않지요.

왕거밋과에 속하는 한 거미는 거미줄에 걸린 먹이를 셀 수 있다고 알려져 있어요. 과학자들이 정말 그런지 확인하려고 거미가 한눈파는 사이 거미줄에 걸린 파리들을 몰래 풀어 주었대요. 더 많은 파리를 풀어 줄수록 거미는 더 오랫동안 사라진 파리를 찾았다고 하네요.

암컷 송사리는 한 번 힐끔 보기만 해도 어느 무리의 물고기가 더 많은지 알 수 있어요. 그 능력으로 수가 더 많은 무리로 들어가지요. 그래야 지나가는 포식자에게 잡아먹힐 가능성이 조금이라도 줄어드니까요.

점박이하이에나들은 다른 무리를 공격하기 전에 귀를 쫑긋 세우고 울음소리로 적의 무리에 몇 마리가 있는지 파악한대요. 자신의 무리보다 규모가 작은 무리를 공격해야만 이길 확률이 크기 때문이죠.

염소 두 마리와
콩 한 자루를 맞바꿀 수 있을까?
거래를 하려면 숫자가 필요해

여러분은 사탕을 여러 개 가지고 있고, 친구에게는 여러분이 너무나도 좋아하는 초콜릿이 여러 개 있다고 상상해 보세요. 만약 친구가 곁에 있다면 사탕과 초콜릿을 그 자리에서 바꾸면 되겠죠. 서로가 몇 개 가졌는지 확인할 수 있으니, 둘 다 만족할 만한 거래를 할 수 있을 거예요.

하지만 이 일을 전화로 해야 한다면 훨씬 복잡해져요. 양쪽 모두 손해 봤다는 생각이 들지 않도록 하려면, 사탕을 얼마큼 가졌는지 초콜릿의 크기는 어떤지 정확한 단위로 설명해야겠죠. 그래서 멀리 떨어져 사는 사람과 물건을 바꾸는 건 숫자와 측량이 필요한 골치 아픈 일이었어요.

작은 단위에서…

사람들이 작은 마을을 이루고 살았을 때에는 뭐든 간단했어요. 계산도 간단하게 숫자를 세기만 하면 되니까요. 바다에서 잡아 올린 생선의 수나 기르는 가축의 수, 또는 들판의 한쪽에서 반대편까지 걸음 수처럼 말이에요.

…큰 단위로

마을과 도시가 점점 커지고 발달하면서 사람들은 훨씬 큰 숫자를 파악할 수 있는 쉬운 방법이 필요하게 되었어요. 마을 사이를 오가며 농작물을 나누거나 팔기 시작하면서 수와 무게를 재는 방식이 발전한 건 당연한 결과였죠.

가장 오래된 기록에 따르면 인도에서 5,000~6,000년 전쯤 무게를 재는 방식이 처음 정해졌다고 해요. 사람들이 작은 마을을 이루고 살 때는 멀리 이동하지 않았어요. 동네와 지역마다 길이, 넓이, 무게를 측정하는 자신들만의 방법이 있었죠. 마을마다 곡물의 양을 측정하는 방법과 액체의 양을 재는 방법이 달랐지만 문제되지 않았어요. 하지만 다른 마을에 사는 사람들과 물건을 사고팔게 되면서 모두가 받아들일 수 있는 기준이 필요하게 되었죠. 그래서 무게와 양을 재는 단위를 정하고, 같은 숫자 체계를 쓰기로 약속했어요. 모두가 똑같은 단위를 쓰자, 숫자를 셈하기만 하면 되니까 큰 어려움 없이 물건을 사고팔 수 있게 되었지요.

그렇다면 숫자에 대한 아이디어는 어디에서 왔을까요? 1, 2, 3을 사용하기 전의 세상은 어땠을까요? 이제 수천 년을 거슬러 올라가 사람들이 어떻게 숫자를 사용하게 되었는지 알아보아요.

옛날 사람들은 어떻게 수를 셌을까?

세상의 여러 문명은 고유한 방법으로 숫자를 사용하는 방법을 발달시켜 왔어요. 그게 결국 오늘날 우리가 사용하는 숫자에 영향을 주었죠.

고대 사람들은 숫자를 셀 때 손가락과 발가락을 사용하기도 하고, 동물 뼈 같은 적당한 물건 위에 선을 그어 개수를 표시했어요. (물건 하나에 선 하나를 긋는 식이었지요.) 하지만 이 방법으로는 많은 수를 셀 수 없었어요. 선을 그을 공간은 정해져 있고, 손가락 발가락도 열 개씩뿐이니까요.

수메르인
약 6,000년 전

수메르인은 대단한 발명가들이었어요. 바퀴를 만들어 냈고 농사짓는 법을 개발했을 뿐 아니라 글자도 만들었죠. 수메르인들이 살았던 메소포타미아(지금의 이라크 지역)가 점점 커지고 수메르 문화가 더 널리 퍼지게 되자, 아주 큰 숫자를 기록할 일이 자꾸만 늘어났지요. 수메르인은 숫자 60을 기본으로 하는 60진법을 사용했어요. 오늘날 우리가 사용하는 숫자 체계는 10진법이지만, 수메르인이 사용했던 60진법도 완전히 사라지진 않았어요. 이건 책 뒷부분에서 설명할게요.

바빌로니아인
약 4,000년 전

기원전 2000년쯤에는 메소포타미아 지역의 발전한 도시 국가들은 아무르인에 의해 모두 정복되었어요. 아무르인들은 바빌로니아 왕국을 세우고, 바빌론을 1,000년 넘게 수도로 삼았지요. 바빌로니아 왕국은 수메르인들이 발명한 쐐기 문자를 사용했어요. 그리고 그 문자를 이용하여 '함무라비 법전'을 만드는 등 번성했지요. 또 수메르인처럼 숫자를 셀 때 60진법을 사용했어요.

고대 로마인
약 2,500년 전

가장 널리 알려진 숫자 체계는 고대 로마에서 사용된 것이에요. 로마 숫자는 수를 세는 손가락의 모양을 본떠 만들었어요. 하지만 열 손가락보다 더 많은 수를 세려면 힘들었지요.

그래서 로마인들은 덧셈을 정확하게 하기 위해 숫자판이나 주판을 만들어 썼어요. 수를 더하면서 규칙에 따라 작은 조약돌들을 정해진 위치로 옮기는 방식인데, 이렇게 하면 얼마든지 큰 수도 셀 수 있었지요.

고대 중국인
약 3,500년 전

막대기 같은 작은 물건을 사용해 숫자를 세던 다른 고대 문명들과 달리, 고대 중국인들은 막대기 더미를 이리저리 옮겨 가며 계산을 했어요. 물건 한 개마다 선을 한 개 긋는 대신, 막대기의 위치를 옮기는 방법으로 5보다 큰 숫자를 표시하기 시작했지요.

오늘날 우리가 숫자로 사용하는 열 가지 기호

로마 사람들이 끙끙대며 숫자판에서 조약돌을 옮기며 셈을 하는 동안, 다른 지역 사람들은 빠르고 정확하게 개수를 세고 무게를 재고 양을 측정할 수 있는 숫자 체계를 계속 개발해 나갔어요. 1,500년 전, 인도 수학자들은 0부터 9까지 숫자를 표시하는 10진법을 만들어 냈지요. 이들의 가장 위대한 발견은 0이었어요. 숫자가 텅 비어 아무것도 없다는 뜻이니 그릇에 사탕이 하나도 없는 걸 상상하면 되겠네요. 이 숫자 체계를 10진법이라 부르는데, 빠른 속도로 널리 퍼졌지요.

이 기호는 막대기나 선 같은 셈 도구와는 아무 상관이 없었어요. 무언가의 모양을 본떠 만든 것도 아니었죠. 그냥 기호였어요. 알파벳 'A'가 '아' 소리를 뜻한다고 모두가 약속한 것처럼 말이에요.

인도 사람이 만든 0부터 9는 이런 모양이었어요.

이 기호는 점차 아랍에까지 알려지면서 모양이 바뀌었지요.

10진법을 사용했던 나라들은 숫자를 쓰는 방식을 편하게 바꿔 나갔어요.

결국 오늘날 사용하는 숫자 모양으로 바뀌었어요. 이렇게 생긴 숫자를 우리는 '아라비아 숫자'라고 하지요.

인도 1,500년 전	०	१	२	३	४	५	६	७	८	९
아랍 1,200년 전	٠	١	٢	٣	٤	٥	٦	٧	٨	٩
중세 유럽 900년 전	0	1	2	3	8	6	6	1	8	9
전 세계 오늘날	0	1	2	3	4	5	6	7	8	9

맨 위 칸에서 아래 칸까지 살펴보세요.
각 숫자의 모양이 어떻게 변했는지 알 수 있겠죠?

아라비아 숫자는 거의 전 세계에서 사용되고 있어요.
이 열 개의 숫자는 여러분이 생각하는 수가 무엇이든, 얼마나 크든
다 적을 수 있거든요.

두 자릿수로는 교실에 몇 명이 있는지 학생 수를 표시할 수 있어요.

세 자릿수로는 전교생의 수를 표시할 수 있지요.

다섯 자릿수로는 축구 경기장에 온 관중의 수를 표시할 수 있어요.

일곱 자릿수로는 한 도시의 인구수를 나타낼 수 있을 거예요.

고대 사람들이 했던 것처럼 선을 그어 수를 센다면, 세계 인구수를 표시한 선의 길이가 76킬로미터나 될 거예요! 그러니까 그다지 실용적인 방식은 아닌 셈이죠.

열 개의 숫자만으로 전 세계 인구수를 표시할 수 있으니 얼마나 간편해요!

수학을 발명한 똑똑한 사람들

믿기 힘들지만 오늘날 여러분이 수학 시간에 배우는 숫자의 규칙들은 아주 오래전에 살았던 사람들이 만든 거예요. 몇몇 영리한 사람들은 수의 비밀을 파헤치는 걸 몹시 좋아했고, 도저히 풀 수 없을 것 같은 문제의 답을 찾는 데 온 힘을 쏟았답니다.

유레카!

유클리드
약 2,300년 전

사람들은 나를 '기하학의 아버지'라고 불러요. 아주 중요한 책을 썼으니 그럴 만하죠. 기하학이란 점, 직선, 곡선, 면, 부피처럼 도형에 관한 여러 성질을 연구하는 학문인데, 이집트에서 땅의 크기를 재는 방법을 연구하던 데서 발달했지요. 나는 여러분이 요즘 사용하는 숫자는 하나도 몰랐지만, 내가 쓴 책 〈기하학 원론〉은 23세기가 지난 지금까지도 수학 시간에 쓰이고 있답니다.

아르키메데스
약 2,300년 전

나는 수학을 이용해 신기한 발명을 하고 흥미로운 문제를 풀었지요. (하지만 인정하건대 아주 쓸모 있는 문제는 아니었어요.) 예를 들자면, 우주를 가득 채우려면 얼마나 많은 모래가 필요할지 알아내는 문제 같은 거였죠. 나는 목욕을 좋아하는 수학자로 알려져 있습니다. 욕조 밖으로 넘친 물의 양이 내 몸무게와 똑같다는 사실을 알아내고는 "유레카(깨달았어)!" 하고 소리를 질렀거든요.

히파티아
약 1,650년 전

나는 역사상 가장 유명한 여성 수학자이자 내가 살았던 고대 이집트 시대의 가장 위대한 수학자였어요. 많은 학생이 알렉산드리아까지 찾아와 내게 수학, 천문학, 철학을 배웠답니다.

브라마굽타
약 1,400년 전

나는 인도의 수학자예요. 덧셈이나 뺄셈을 할 때 0을 사용하는 규칙을 만들었지요. 예를 들어 설명해 볼까요? 양수에서 0을 빼면 어떻게 되나요? (3-0=3) 혹은 음수에서 0을 빼면 어떻게 되죠? (-3-0=-3) 내가 만든 규칙으로 수많은 계산이 가능해졌답니다.

최초의 측량이 주변에 있는 것들로부터 자연스럽게 나왔다고?

도시가 커지고 상업이 발달하면서 과일, 채소, 동물, 꿀 같은 상품을 거래할 때 양을 정확하게 재야 했어요. 최초의 측량법은 사람들의 신체와 주변에 있는 물건을 이용했지요.

'큐빗'은 고대 이집트인이 길이를 재던 단위예요. 가장 긴 가운뎃손가락 끝에서 팔꿈치까지가 1큐빗인데, 약 46센티미터예요.

'보폭'은 로마인들이 길이를 나타내던 단위예요. 한 걸음 걸었을 때 앞발 발꿈치에서 뒷발 발꿈치까지의 거리를 말하지요. 로마인이 사용했던 '마일'이라는 길이는 1,000보폭이었어요.
(*1마일은 약 1.6킬로미터예요.)

로마인들은 손바닥으로도 길이를 쟀어요. 엄지손가락과 새끼손가락 사이의 길이를 '핸드'라고 불렀지요. 몇몇 나라에서는 오늘날에도 말의 키를 '핸드'로 재는데, 핸드는 약 10센티미터예요.

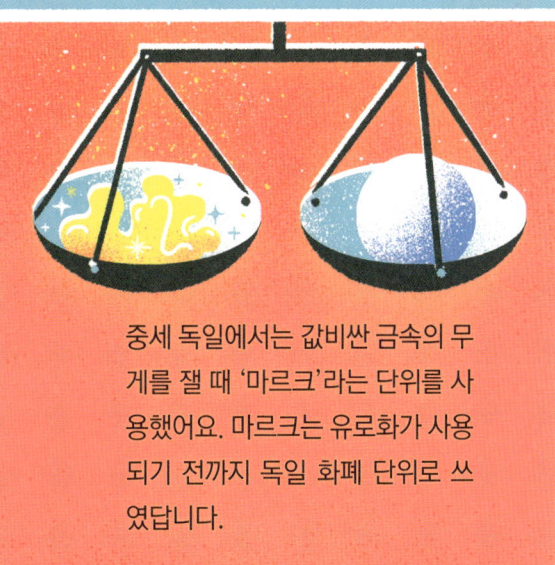

중세 독일에서는 값비싼 금속의 무게를 잴 때 '마르크'라는 단위를 사용했어요. 마르크는 유로화가 사용되기 전까지 독일 화폐 단위로 쓰였답니다.

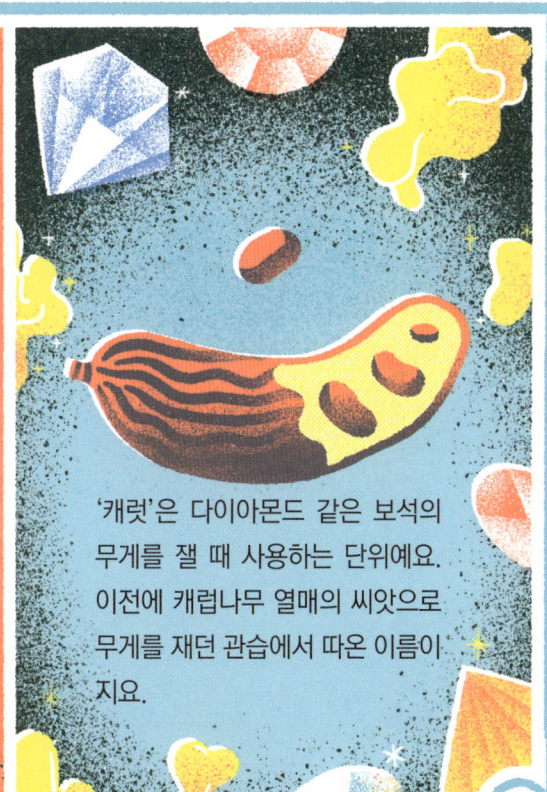

'캐럿'은 다이아몬드 같은 보석의 무게를 잴 때 사용하는 단위예요. 이전에 캐럽나무 열매의 씨앗으로 무게를 재던 관습에서 따온 이름이지요.

새롭고 편리한 현대의 측량법

오랫동안 사람들은 꽤 다양한 측량 단위를 사용했어요. 그러니 물건을 사고 팔 때마다 헷갈리기도 했고, 상대를 속이는 일도 많았죠. 우리가 앞에서 읽은 대로 사람들은 거래를 더 공정하게 하고, 문명을 발달시키기 위해서 표준 체계를 만들어 무게와 양을 재기 시작했어요.

혁명의 시대

1789년 프랑스 시민들은 불평등한 사회를 바꾸기 위해 혁명을 일으켰어요. 왕과 귀족들을 몰아내고 시민이 뽑은 대표가 다스리는 공화국을 세웠지요. 사람들은 정치 체제뿐만 아니라 이전 관습을 모두 없애고 싶어 했어요. 프랑스에 커다란 변화가 일어났죠.

킬로-	헥토-	데카-	g ℓ m	데시-	센티-	밀리-
1000	100	10		0.1	0.01	0.001

미터법

프랑스인들은 길이나 너비, 부피, 질량을 재는 보편적인 기준을 세우기로 하고, 과학자들에게 10진법에 기초한 측량법을 개발해 달라고 부탁했어요. 그렇게 만들어진 것이 '미터법'이에요. 길이와 너비는 미터, 부피는 리터, 질량은 그램을 기본 단위로 삼고, 10의 배수에 따라 세분화된 단위를 정했지요. 미터법은 처음엔 별로 인기를 얻진 못했지만, 사용 방법이 간단하다는 사실이 알려지면서 곧 널리 퍼졌지요. 미터법의 발명은 정말 중요해요. 오늘날 대부분의 나라에서 무게와 양, 길이를 잴 때 미터법을 사용하니까요. 10배씩 늘어나고 줄어들 때마다 크고 작은 단위로 바꿔 쓰기도 간편하지요. 예를 들어 1,000그램은 1킬로그램으로 표시할 수 있어요.

야드파운드법

야드파운드법은 길이는 야드, 무게는 파운드, 부피는 갤런을 기본 단위로 하는 측량법이에요. 1824년에 영국에서 길이, 부피, 무게를 재는 기준이 되었는데, 미터법이 국제 도량형으로 인정된 뒤에도, 영국은 물론 영어를 사용하는 몇몇 나라에서 여전히 야드파운드법을 함께 사용하고 있어요. 영국과 미국에서 과학자들은 거리를 센티미터, 미터, 킬로미터로 측정하지만, 보통 사람들을 위한 도로 표지판은 야드파운드법인 피트와 마일로 쓰여 있답니다.

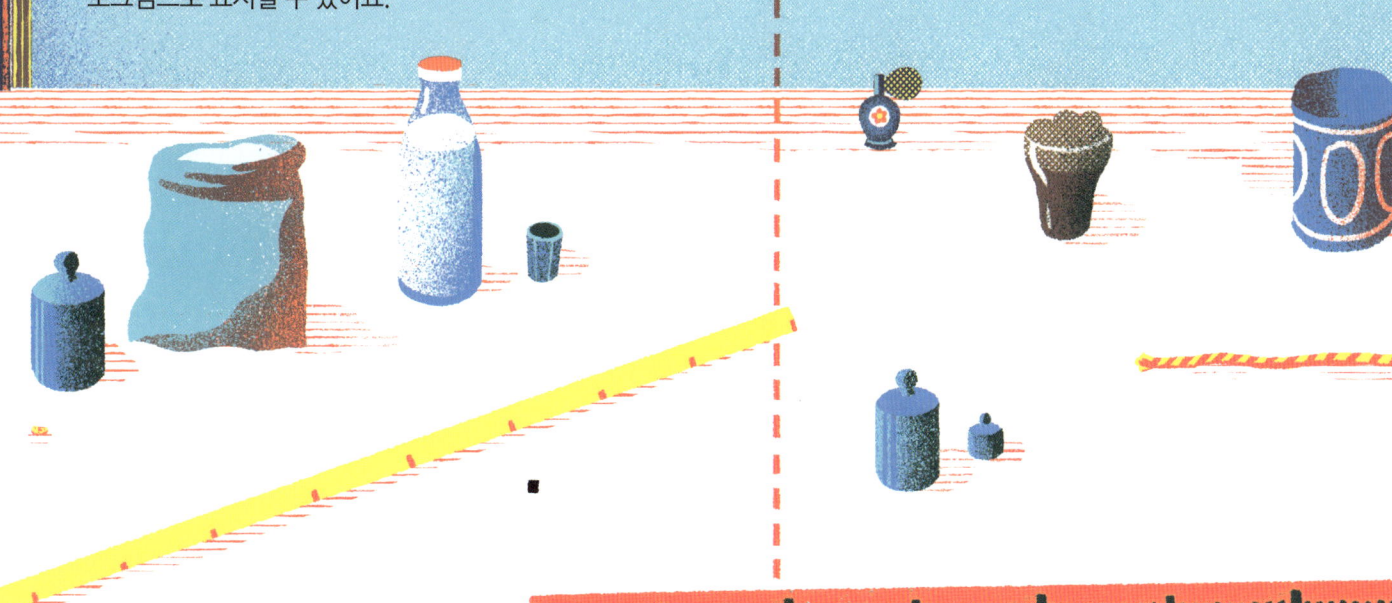

미터의 발명

1793년 프랑스 사람들은 길이를 재는 보편적 단위인 미터를 만들었어요. 프랑스 혁명 이전에는 오래전에 만들어진 다양한 측량법으로 거리를 쟀지만, 미터가 발명되어 복잡했던 이 체계가 통일되었지요. 처음에는 새로 생긴 이 단위를 올바로 사용하는 게 쉽지 않았지만, 미터는 곧 길이를 재는 세계 표준으로 자리 잡게 되었답니다.

지구는 얼마나 클까?

프랑스 과학 아카데미는 새로 만든 측량 단위인 미터가 지구의 크기에 기초해야 한다고 생각했어요. 그래서 1미터를 적도(북극과 남극 사이 한가운데 위치한, 지구의 둘레를 동그랗게 둘러싸고 있는 선)에서 북극까지 쭉 뻗은 선(자오선) 길이의 10,000,000분의 1 길이로 정의했지요. 그리고 자오선의 길이를 정확하게 측정하는 임무를 두 명의 과학자, 피에르 프랑수아 앙드레 메셍과 장 바티스트 조제프 들랑브르에게 맡겼어요.

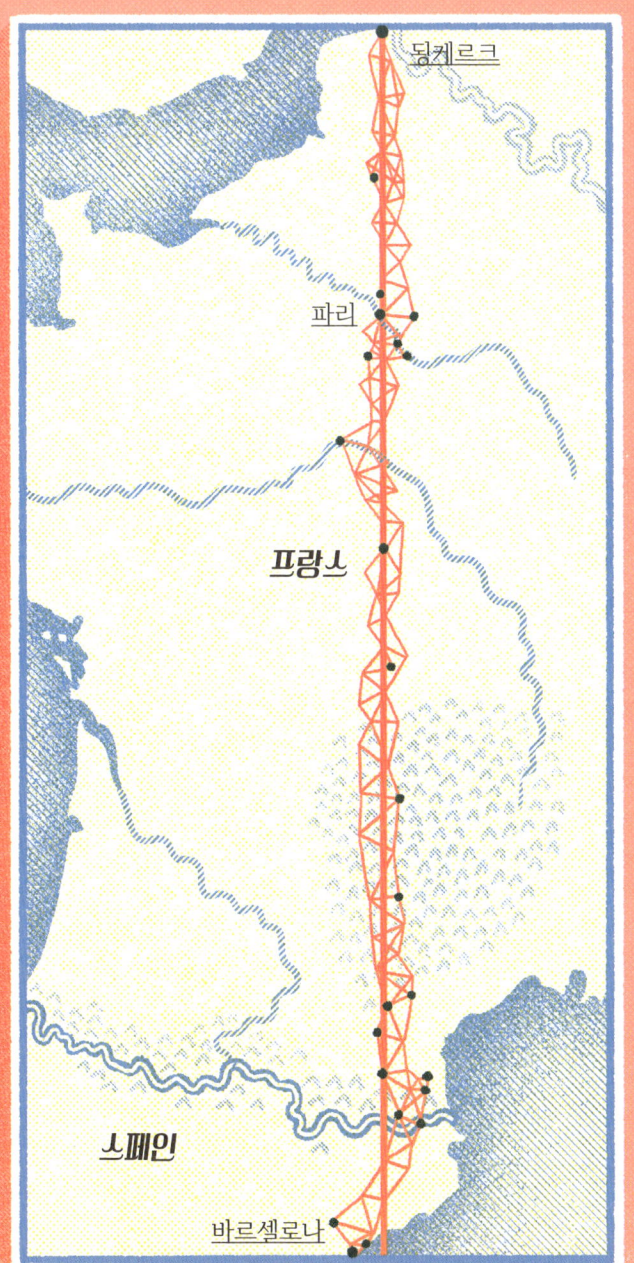

됭케르크부터 바르셀로나까지

적도에서 북극까지의 거리를 측정하기 위해 북극을 가는 건 몹시 힘든 일이었어요. 그래서 메솅과 들랑브르는 묘안을 짜냈지요. 자오선의 일부분만 측정한 다음, 지구의 곡률*을 계산해서 전체 길이를 파악하기로 한 거예요. 그래서 둘은 프랑스 북쪽에 있는 됭케르크부터 스페인에 있는 바르셀로나까지의 거리를 쟀어요.

(* 곡률은 곡선이 구부러진 정도를 표시한 값이에요.)

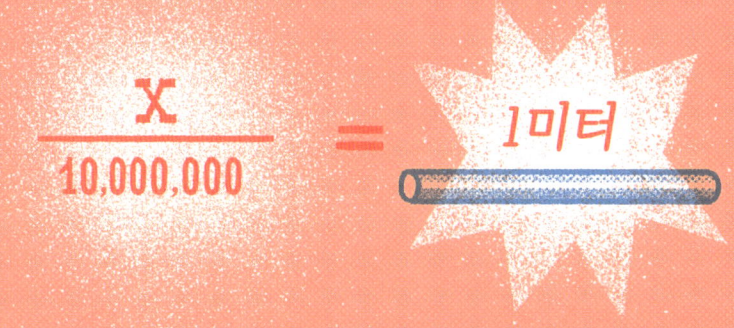

새로운 표준

두 과학자가 이 작업을 완성하기까지 6년도 더 걸렸어요. 최종 결과는 이전에 사용하던 단위인 '트와즈'로 측정되었죠.(1트와즈는 약 2미터예요.) 이들은 트와즈로 잰 값을 미터로 바꾸고 10,000,000으로 나누어 1미터의 길이를 확인했어요. 프랑스 사람들은 값비싼 금속인 백금으로 1미터짜리 막대를 만들어 파리의 국립고문서박물관에 보관하고, 복제품을 만들어 다른 나라로도 보냈어요. 다른 나라들이 미터를 길이를 재는 표준 단위로 받아들이기까지 150년이라는 시간이 걸렸답니다.

킬로미터와 밀리미터

오늘날 우리는 미터를 기본 단위로 사용해서 어떤 길이든 잴 수 있게 되었어요. 집에서 학교까지의 거리는 물론이고 박테리아 세포 크기처럼 현미경으로 봐야 알 수 있는 짧은 길이까지도요. 더 먼 거리는 킬로미터(1킬로미터=1,000미터)로 나타내지요. 반대로 짧은 길이는 밀리미터(1밀리미터=1미터의 1,000분의 1)로 표시한답니다.

질량의 새로운 표준, 킬로그램

프랑스 과학자들은 길이를 측정하는 새로운 표준을 만들고 난 뒤 질량을 측정하는 표준도 만들어야겠다고 생각했어요. 그래서 킬로그램이라고 하는 새로운 단위를 만들고, 그것을 모든 변의 길이가 10센티미터인 정육면체에 1리터의 물을 채운 양이라고 정의했지요. 물의 밀도는 온도에 따라 달라지니 물이 얼음으로 변하는 점인 '어는점'을 기준점으로 했고요.

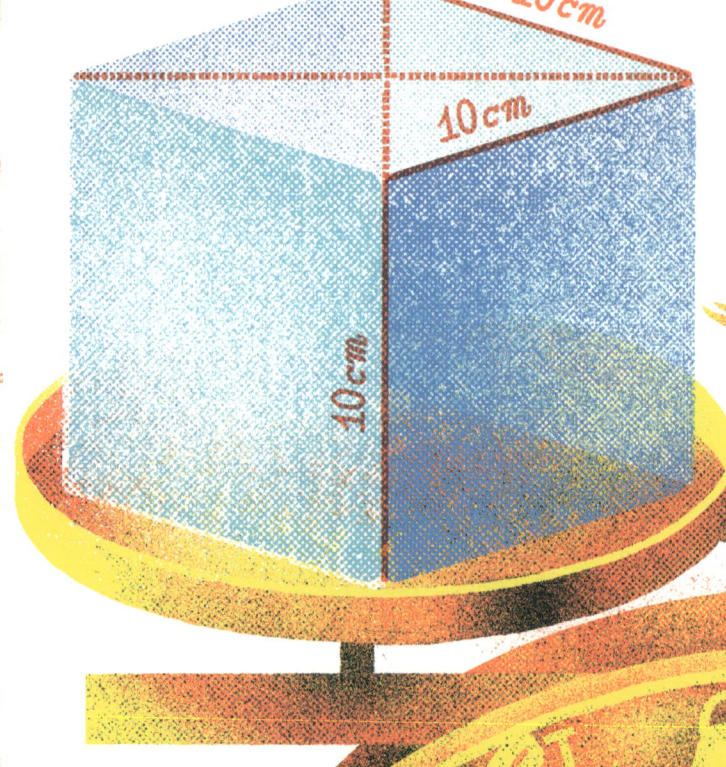

이전까지 유럽 사람들은 대부분 물건의 무게를 잴 때 '파운드'를 사용했어요. 고대 로마인들이 사용했던 단위인 리브라(라틴어로 '저울'이라는 뜻이에요.)에서 비롯한 것이죠. 그런데 문제는 나라와 지역마다 파운드를 정하는 방식이 각기 달랐다는 것이었어요. 다른 나라와 물건을 사고팔려면 여간 복잡한 게 아니었죠. 예를 들어 영국의 은 1파운드와 독일의 금 1파운드의 무게는 전혀 달랐거든요.

프랑스 과학 아카데미는 1793년에 1킬로그램을 황동으로 만들어 '그레이브'라고 이름 지었어요. 그로부터 6년 뒤 자오선 길이를 측정해 미터를 정확하게 잴 수 있게 되면서 사람들은 10센티미터짜리 정육면체도 정확하게 만들 수 있게 되었지요. 또, 물은 4℃에서 부피가 가장 작고 밀도가 가장 높다는 사실도 알게 되었어요. 그래서 1킬로그램을 같은 정육면체에 어는점 0℃가 아닌 4℃의 물을 1리터 채웠을 때의 질량으로 다시 정의하고, 이를 백금으로 만들어 파리의 국립고문서박물관에 보관했어요.

1879년에는 더 단단하고 값비싼 금속인 백금과 이리듐으로 1킬로그램을 만들었어요. 이걸 '국제 킬로그램 원기'라고 해요. 그리고 1킬로그램의 표준이 되는 원기를 여러 개 만들어 다른 나라로 보내어 사용하게 했고, 머지않아 대부분의 나라가 질량을 킬로그램으로 측정하기 시작했지요. 미국과 영국 같은 몇몇 나라는 여전히 파운드나 '스톤'으로 질량을 측정하고 있지만요. 오늘날 국제 킬로그램 원기는 파리 외곽에 있는 건물에 안전하게 보관되어 있답니다.

돈을 발명하다

용돈을 받고 있다면 돈이 어떻게 쓰이는지 잘 알 거예요. 사고 싶은 물건을 사고, 미래에 더 큰 것의 값을 치르기 위해 저축을 하죠. 그렇다면 동전이나 지폐가 있기 전에는 사람들이 무엇으로 값을 치렀을까요? 돈은 어떻게 생겨나게 되었을까요?

돈이 생기기 이전, 물물 교환의 시대

인류 역사 초기에 사람들은 서로 자신의 물건을 직접 바꾸었어요. 이를 '물물 교환'이라고 해요. 예를 들면 매머드 가죽과 돌도끼를 맞바꾸는 거죠. 하지만 물물 교환에는 어려움이 많았어요. 돌도끼를 가진 사람은 이미 아주 멋진 매머드 가죽 코트를 갖고 있어서, 매머드 가죽 대신에 새로운 담요를 원할 수도 있었죠. 그래서 내가 가진 물건을 내게 필요한 물건으로 물물 교환할 사람을 찾기란 쉽지 않았어요.

물건이 돈: 물품 화폐가 생겨나다

그래서 사람들은 누구에게나 필요한 물건을 주고 원하는 물건을 얻기 시작했어요. 소금이나 곡식, 조개껍데기 등이 돈의 역할을 한 거죠. 이를 '물품 화폐'라 해요. 물품 화폐로 값을 치르면서 원하는 물건을 얻는 일은 쉬워졌는데 또 다른 문제가 생겼지요. 물품 화폐의 가치가 저마다 다른 데다 소금이나 곡식 등은 가지고 다니기에도 불편했거든요.

동전과 지폐

이 문제를 해결하기 위해 금이나 은 같은 금속을 화폐로 사용하다가 금속을 녹여 일정한 무게와 모양을 가진 동전으로 만들어 사용하게 되었어요. 기원전 700년쯤에 고대 리디아인들이 최초의 동전을 만들었다고 알려져 있지요. 수백 년이 흐른 뒤 중국인들이 처음으로 종이돈을 만들었고요. 지폐가 생기자 큰돈도 편리하게 가지고 다닐 수 있게 되었지요.

오늘날의 돈

오늘날에는 동전과 지폐 말고도 신용 카드, 수표 같은 다양한 것으로 물건을 살 수 있어요. 왜냐하면 사람들이 그 가치를 인정하기 때문이에요. 신용 카드는 여러분의 은행 계좌에서 가게의 은행 계좌로 바로 돈을 옮기는 방식이에요. 화폐는 점점 더 가지고 다니기 편리하게 바뀌고 있어요. 미래에는 어떤 화폐가 생겨날까요?

얼마나 뜨거워야 뜨거운 걸까?

무더운 여름날, 수영장으로 풍덩 뛰어들면 물이 시원하다고 느낄 거예요. 하지만 날이 춥다면 똑같은 온도라도 꽤 따뜻하다고 느껴지겠죠?

우리는 피부의 신경을 통해 온도 변화를 느끼는데, 문제는 사람마다 그 정도가 다르다는 거예요. 같은 날씨에도 어떤 친구들은 겉옷을 입지 않으면 추워서 몸을 부르르 떨고, 어떤 친구들은 겉옷을 입으면 너무 덥다고 느끼지요. 어떤 사람에겐 따듯한 온도이지만, 다른 사람에게는 추운 온도일 수 있어요. 그러니 차가운지 뜨거운지 상대에게 제대로 알려 주려면 정확한 온도를 알아야 했지요. 그래서 과학자들은 온도를 측정하는 방법을 개발했어요.

온도를 측정하는 데 사용하는 도구인 온도계는 고대 로마인들이 발명했어요. 물이 열에 반응하는 방식을 이용하여 만들었죠. 더 안정적인 방법을 알아낸 건 독일 물리학자 다니엘 가브리엘 파렌하이트예요. 1714년의 일이죠.

파렌하이트는 물 대신 액체 금속인 수은을 사용해 온도계를 만들었어요. 온도가 따뜻해질수록 점점 부피가 커지는 수은의 성질을 이용한 것이죠. 또 온도 눈금의 고정점을 정했어요. 얼음, 물과 소금이 섞인 혼합물이 유지되는 상태를 0파렌하이트, 물의 녹는점을 32파렌하이트, 사람의 신체 온도는 96파렌하이트라고 했지요.

파렌하이트(°F)를 셀시우스(°C)로 바꾸는 법칙은 다음과 같아요. 파렌하이트 값에서 32를 빼고, 그걸 1.8로 나누면 된답니다.

나중에 파렌하이트는 물의 어는점을 32파렌하이트, 물의 끓는점을 212파렌하이트로 바꾸었어요. 미국과 몇몇 나라들은 아직도 온도를 측정하는 단위로 파렌하이트(화씨 혹은 °F로 표시해요.)를 사용해요.

하지만 대부분의 나라는 다른 방식인 셀시우스(섭씨 혹은 °C로 표시해요.)를 받아들였죠. 스웨덴 과학자인 안데르스 셀시우스의 이름을 딴 건데, 1742년에 셀시우스는 물의 어는점을 100°C, 물의 끓는점을 0°C로 정하는 온도 체계를 만들었어요. 오늘날 우리가 쓰는 것과 정반대이지요. (훗날 다른 과학자가 오늘날과 같은 체계로 바꾸었어요.) 셀시우스가 파렌하이트보다 훨씬 사용하기 편해서 우리를 포함한 많은 나라에서 더 널리 인정받게 되었답니다.

파렌하이트가 독일 사람이긴 하지만, 독일 사람들은 온도를 측정할 때 셀시우스를 사용한답니다.

시간과 달력의 기원

물건의 개수를 세기 위해 숫자를 발명한 것처럼 사람들은 시간을 세는 방법도 생각해 내야 했어요. 그래서 자연계에서 규칙적으로 발생하는 변화를 관찰하는 방법으로 접근했죠. 매일 해가 뜨고 지는 것, 봄에는 꽃이 피고, 가을에는 나뭇잎이 빨갛고 노랗게 물들고, 추운 겨울에는 동물들이 겨울잠을 자는걸 보면서 말이에요.

사람들은 작물을 심고 거두기에 좋은 시기를 알아야 했기 때문에 늘 계절의 변화에 관심을 기울였어요. 하지만 자연이 보내는 신호가 늘 정확한 건 아니었어요. 겨울인데도 날씨가 유난히 따뜻하면 농부는 부지런히 작물을 심었지요. 그러면 새로 심은 모종이 서리를 맞아 죽어서 굶주림으로 이어지기도 했고요. 사람들은 지금이 한 해 가운데 언제인지 알 수 있는 정확한 방법을 알아내야 했어요.

오늘날 우리가 사용하는 달력은 지난 5,000년에 걸쳐 조금씩 발전된 거예요. 그 기원을 이해하려면 초기 문명인들이 개발한 다양한 달력을 살펴봐야겠죠?

일, 월, 년 – 기본에서 시작하기

하루가 가고, 한 달이 흐르고, 한 해가 지나는 것은 지구가 움직이기 때문이에요. 이러한 사실을 이해하는 건 수학자가 아니라도 가능해요.

낮과 밤은 지구가 자전축을 중심으로 회전하기 때문에 생겨요. 어느 때건 지구의 반은 태양을 향하고, 반대편은 어두운 곳을 향하니까요.

옛날 사람들이 여러 가지 달력을 만든 방법

달력은 날에 이름을 붙이고 더 긴 기간을 단위로 서로 묶어 만들어요.
초창기 달력은 사람들이 시간을 세려고 하는 이유와 장소에 따라 날수가 서로 다르게 만들어졌어요.

영국의 스톤헨지 같은 고대 유적은 하늘에 떠 있는 태양의 위치를 추적해 계절의 변화를 관측하려고 세운 것일 수도 있어요. 계절에 따라 해가 뜨고 질 때 비추는 돌이 달라지거든요.

고대 이집트에서는 별자리를 이용해 최초의 달력을 만들었어요. 이집트인들은 나일강 근처에 모여 살았지요. 규칙적으로 홍수가 나 강물이 넘쳐서 건조한 사막 땅이 농사짓기 좋게 비옥해졌거든요. 고대 이집트인들은 홍수가 나기 바로 직전에 매번 '시리우스'라는 별이 같은 위치에 나타난다는 걸 알아챘지요. 그래서 홍수에 대비할 수 있었고요. 고대 이집트인들은 이 별이 365일마다 나타난다는 것도 알아냈죠.

바빌로니아 사람들은 대략 30일마다 달이 점점 커졌다 작아졌다 한다는 사실을 알아냈어요. 그래서 달의 12주기를 바탕으로 달력을 만들었어요. 각 주기는 초승달이 뜨는 날에 시작돼요. 이 주기는 우리가 현재 한 달이라고 하는 기간의 기초가 되었죠.

500년 된 발명품, 현대의 달력

고대 그리스인들은 해와 달을 참고해 달력을 만들었어요. 달의 모양이 변하는 주기인 30일을 '한 달'로 정하고, 이를 열두 번 더하면 1년이 360일이 되어요. 한편 하늘에 있는 태양의 위치가 한 바퀴 돌아 다시 원래 자리로 오는 데 걸리는 시간을 '태양년'이라고 하는데, 이는 대략 365일이에요. 달을 기초로 만든 달력이 태양년과 5일 차이가 나자, 똑똑했던 고대 그리스인들은 이를 메우기 위해 '월'을 하나 더 추가했어요. 그래서 19년이라는 기간 동안, 처음 12년은 12개월이 있고, 나중 7년은 13개월이 있었죠.

율리우스

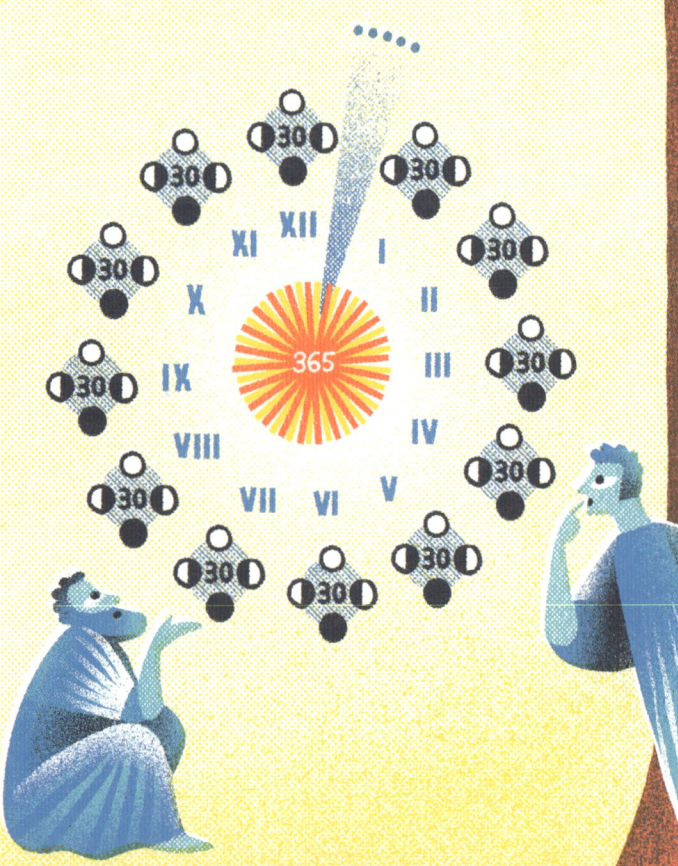

고대 로마 제국의 뛰어난 정치가이자 장군, 율리우스 카이사르는 태양년에 맞추기 위해 1년을 365일로 하는 달력을 도입했어요. 그래도 안 맞는 시간은 4년마다 하루를 더하기로 하고요. 4년마다 돌아오는 그해를 '윤년'이라고 해요. 이 달력은 달의 완전 주기를 기본으로 12개월로 구성되었죠. 로마 제국이 너무나 힘이 강했던지라 '율리우스력'이라고 불린 이 달력은 유럽 곳곳으로 퍼졌어요. 오늘날 추가된 하루는 2월 29일이에요.

1500년 즈음, 율리우스력은 태양년보다 10일이 늦어지게 되었어요. 태양년의 실제 길이는 365일 5시간하고도 약 49분이거든요. 교황 그레고리우스 13세는 수학자들과 천문학자들에게 5시간 49분 차이를 해결하는 방법을 물었어요. 해결 방법은 수백 년에 한 번씩 윤년을 건너뛰는 거였지요. 수학자들과 천문학자들은 한 세기가 시작하는 첫해에 윤년을 빼되, 400으로 나누어지지 않는 해에만 그렇게 하기로 정했지요. 그러니까 1600년도(1600÷400=4)에는 윤년이 있지만, 1700년도(1700÷400=4.25)에는 윤년을 건너뛰는 거죠. 율리우스력을 더 정확하게 고친 이 달력을 그레고리력이라고 불러요. 오늘날 대부분의 나라가 그레고리력을 사용하고 있지요.

그레고리력과 더불어 다른 달력도 여전히 사용되고 있어요. 달의 움직임과 모양을 더 중요하게 여기는 달력이죠. 중국인들은 명절, 결혼식, 심지어 장례식 같은 중요한 날짜를 정할 때 전통적인 중국 달력을 사용해요. 그리고 그레고리력의 1월 1일이 아닌 매해마다 다른 날(1월 21일과 2월 21일 사이)을 새해로 맞이하지요. 한편, 유대인들은 종교 행사의 날짜를 결정할 때 유대력을 사용해요. 유대력에서 새해는 9월이나 10월에 있는 추수 시기랍니다. 농사의 끝과 새 시작을 표시한 거예요.

하나의 세상, 하나의 시계

학교에 늦지 않으려면 아침 몇 시에 일어나야 할까요? 친구 집에는 몇 시에 놀러 가야 좋을까요? 불을 끄기 전에 침대에서 얼마나 오랫동안 책을 읽나요? 지금 몇 시인지 혹은 시간이 얼마나 지났는지 알고 싶을 때 여러분은 그저 시계만 흘끗 보면 되죠. 그런데 오늘날 사용하는 숫자, 시간, 분, 초에는 오랜 역사가 깃들어 있어요.

태양의 위치

유럽의 마을이나 도시 같은 곳에는 흔히 높은 탑에 커다란 시계가 하나 걸려 있었어요. 이 시계의 바늘은 태양에 맞춰져 있었죠. 정오는 오늘날처럼 오후 12시가 아니라 하늘에 태양이 가장 높이 떠 있는 때였어요. 그래서 한 나라에서도 마을이나 도시에 따라 시간이 서로 달랐죠. 때로는 몇 분 혹은 몇 시간까지 차이가 나기도 했어요.

그러다 보니 불편한 점이 한두 가지가 아니었어요. 기차나 배는 출발하는 장소의 시간에 맞춰야 할까요, 아니면 도착하는 장소의 시간에 맞춰야 할까요? 친구와 저녁 6시에 만나기로 약속했다면 누구의 시계에 맞춰야 하는 걸까요? 그래서 사람들은 이동하면서 차이가 난 시간을 장소에 맞게 조정했어요. 마차를 운영하는 업체는 언제, 어떻게 시곗바늘을 옮겨야 하는지 자세한 설명이 적힌 종이를 나누어 주기도 했지요.

시계 맞추기

영국 철도 회사는 시간이 달라 생기는 불편을 해결하고자 했어요. 그래서 영국의 모든 지역에서 똑같은 표준 시간을 쓰기로 했죠. 1847년, 런던 동남부에 있는 그리니치 천문대의 시간이 영국을 가로지르는 모든 철도 시간표의 표준으로 정해졌어요. 이를 그리니치 표준시라고 해요. 철도 표준 시간이라고도 알려져 있지요.

1800년대 말 즈음, 사람들은 세계 어디서든 표준 시간이 있으면 편리하겠다고 생각했어요. 그때는 이미 미국과 세계 대부분의 나라가 그리니치 표준시로 시간을 계산해 해양 지도를 만든 뒤였죠. 결국 1884년 그리니치 표준시가 '세계 표준시'로 선택되었답니다.

시간대는 왜 존재할까?

여러분이 잠드는 시간에 다른 나라에 사는 친구는 일어나거나 점심을 먹고 있을 수 있어요. 지구가 우주를 끊임없이 돌아서 나라마다 다른 시간에 해가 뜨고 지니까요. 그래서 어딘가는 아침이고 어딘가는 점심이거나 저녁인 거죠. 대체로 한 나라는 생활을 편리하게 하기 위해 하나의 표준시를 사용해요. 하지만 미국처럼 땅이 매우 큰 나라들은 지역이나 주마다 다른 표준시를 사용하죠.

-11 -10 -9 -8 -7 -6 -5 -4 -3 -2 -1

지구는 지축을 중심으로 1시간에 15°씩 움직여요. 그래서 영국 그리니치 천문대를 지나는 자오선을 기준으로 15°마다 세로선을 그어 24개의 표준시를 만들었어요. 같은 표준시를 사용하면 다른 나라 사람이라도 같은 시간으로 생활하는 거예요.

알고 있었나요?

중국은 시간대가 다섯 개나 될 정도로 넓은 나라지만, 미국과 달리 하나의 표준시를 사용해요. 시간이 달라 벌어질 수 있는 혼란을 막기 위해 온 나라의 시계를 똑같이 맞추기로 한 거죠. 그러다 보니 어떤 도시에서는 여름날 밤 12시가 되어서야 해가 지는 걸 보기도 한답니다!

그리니치 표준시의 시간을 알면, 시간을 더하거나 빼서 다른 시간대의 시간을 알 수 있어요.

시간을 재는 방법은 어떻게 생각해 냈을까?

하루는 지구가 지축을 중심으로 한 바퀴 도는 데 걸리는 시간이에요. 이 사실은 아무도 부정할 수 없을 거예요. 이렇게 큰 지구가 빙글빙글 돈다니, 정말 대단하죠!
그런데 왜 하루는 24시간이고, 한 시간은 60분이고, 1분은 60초라고 정했을까요? 사람들은 지구와 지축을 중심으로 도는 움직임 사이에 무슨 관계가 있는지 궁금해했어요. 그래서 지구의 크기를 재기 시작했죠!

하루를 24개로 나누기

약 3,500년 전, 고대 이집트인들은 그림자의 길이와 방향으로 하루가 얼마나 지났는지 알아냈어요. 그림자를 측정하는 방법으로 낮을 12개로 나누었고, 별의 위치를 이용하여 밤을 12개로 나누어서 24시간을 만들어 냈죠. 오늘날 우리가 쓰는 시간과 비슷하지만 큰 차이점이 하나 있어요. 여름(태양이 하늘에 더 오래 떠 있을 때)에는 시간이 더 길었고, 겨울에는 더 짧았다는 점이에요.

지구의 크기 측정하기

약 2,260년 전 고대 그리스 천문학자 에라토스테네스가 해시계로 지구 둘레를 처음으로 계산했어요. 그는 60진법을 사용해 지구를 가로로 60개로 나누어 지구의 위도도 만들었지요. 당시 과학자들은 주로 60진법을 사용했는데, 10진법보다 더 편리하고 다양하게 활용할 수 있기 때문이에요. 60은 2, 3, 4, 5, 6으로 나머지 없이 깔끔하게 나뉘거든요. 이런 특징은 원을 360도로, 1년을 360일로, 1시간을 60분으로, 1분을 60초로, 혹은 지구를 나눌 때도 유용했지요.

근삿값에서 정확한 수로

기원전 140년 무렵, 고대 그리스의 천문학자 히파르코스는 태양과 달, 별의 움직임을 더 정확하게 기록할 방법을 찾기 시작했지요. 히파르코스는 하루 24시간을 똑같은 길이로 나눌 것을 제안했어요. 그래서 에라토스테네스가 지구 표면을 가로로 나눈 것과 달리, 세로로 360개로 나눠 지구의 경도를 만들었지요.

분과 초

고대 그리스 천문학자였던 프톨레마이오스는 한발 더 나아가 지구의 경도와 위도를 모두 360개로 나누었어요. 그리고 각각을 다시 60으로 나누었지요. 더 정확하게 장소의 위치를 표시하고 싶어서 말이에요. 이 방식은 지구상의 위치뿐 아니라 별의 위치를 구분하는 데도 여전히 사용되고 있어요. 몇 백 년 후, 처음 60개로 나눴던 부분이 '분'이 되었고, 두 번째로 나눈 더 작은 부분은 '초'가 되었어요.

60진법을 세는 방법

바빌로니아 사람들은 60진법으로 수를 세는 걸 좋아했어요. 60진법은 수메르인들이 6,000년 전에 발명한 거죠. 수메르인들처럼 수를 세 볼까요? 먼저 오른손 엄지손가락으로 왼손의 손가락 마디 12개를 세요. 그다음엔 오른손 엄지손가락을 접고, 집게손가락으로 왼손의 마디를 세지요. 이렇게 오른손 새끼손가락까지 다 세면 60까지 셀 수 있답니다.

눈 깜빡할 새 많은 일이 벌어져요!

눈을 깜빡이는 건 1초면 되죠.
그 순간에 다른 어떤 일이 일어날 수 있는지 살펴볼까요?

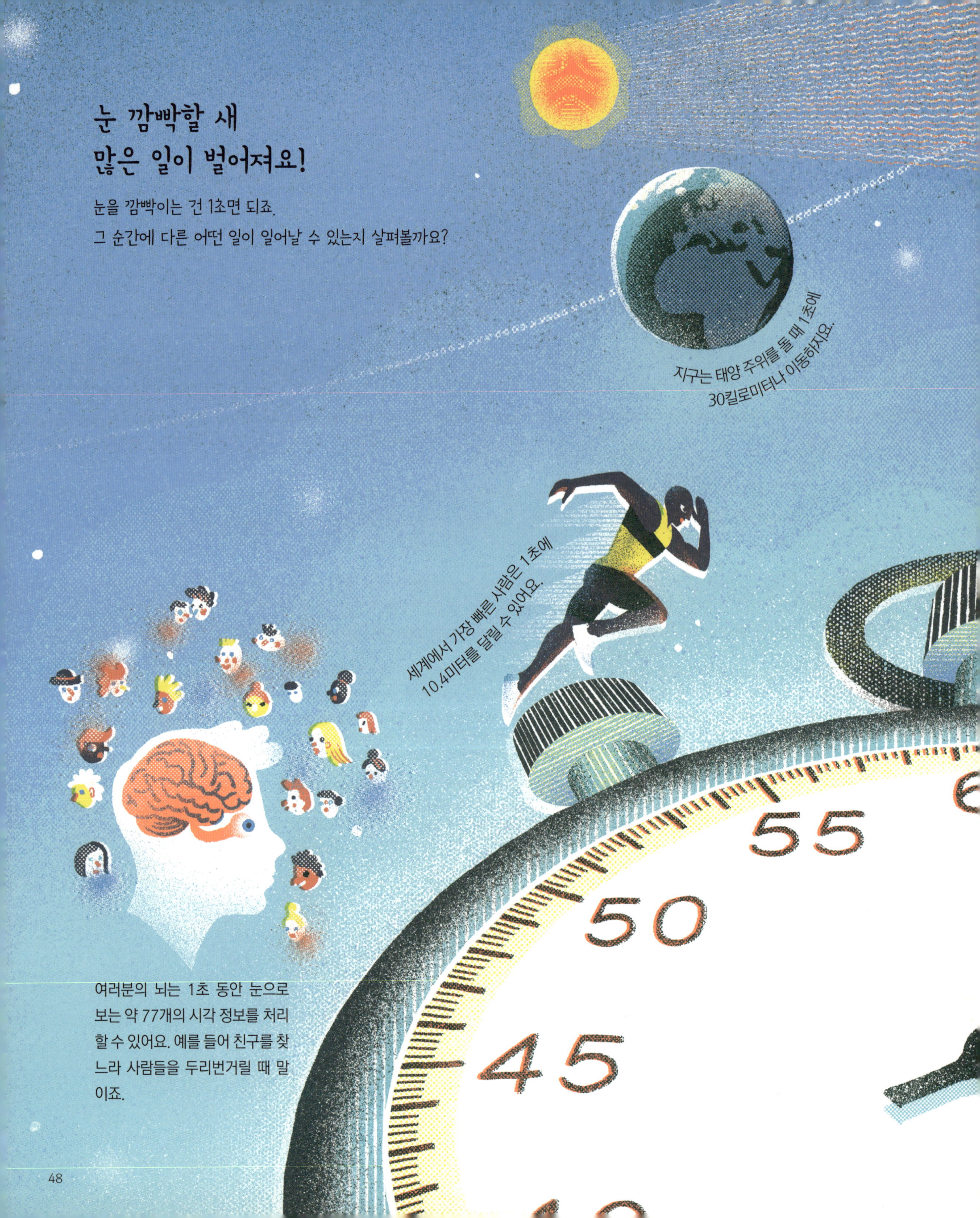

지구는 태양 주위를 돌 때 1초에 30킬로미터나 이동하지요.

세계에서 가장 빠른 사람은 1초에 10.4미터를 달릴 수 있어요.

여러분의 뇌는 1초 동안 눈으로 보는 약 77개의 시각 정보를 처리할 수 있어요. 예를 들어 친구를 찾느라 사람들을 두리번거릴 때 말이죠.

태양에서 나온 빛은 우주를 뚫고 1초에 약 30만 킬로미터나 이동해요. 거의 지구에서 달까지의 거리와 같아요.

국제 우주 정거장은 지구 궤도를 따라 1초에 8킬로미터를 돌아요.

벌새는 1초에 70번 이상 날갯짓을 한다고 알려져 있어요. 벌새의 심장은 1초에 21번이나 뛴다고 하네요.

세계에서 가장 빠른 컴퓨터는 1초에 143경 건의 계산을 해내요.

수열과 숫자로 자연을 이해하기

자연과 숫자 사이에는 놀라운 연관성이 숨어 있어요. 특정 숫자와 순서가 자연의 어디서나 나타나지요.

피보나치수열

자연 속 어떤 것들은 특정한 배열을 반복하지요. 인류 역사상 가장 위대한 수학자 중 한 명인 이탈리아 수학자 피보나치는 알제리를 방문했을 때 아라비아 숫자를 알게 되었어요. 0부터 9까지 쓰는 아라비아 숫자는 그가 사용하던 로마자와는 완전히 다른 세계였어요.

0부터 9까지 숫자를 사용하여, 피보나치는 세계를 완전히 새로운 방식으로 탐험했어요. 바로, 그의 이름이 들어간 피보나치수열을 자연계에 대입하여 설명한 거예요. 수열이란 일정한 규칙에 따라 나열된 숫자의 줄을 말해요. 피보나치수열은 0, 1, 1, 2, 3, 5, 8, 13, 21, 34······로 이어지지요.

0 - 1 - 1 - 2 - 3 - 5 - 8 - 13 - 21 - 34 - 5,

이 수열에서 뒤에 이어지는 새로운 숫자는 앞의 두 숫자를 더한 값이에요. 그러니까 0+1=1, 1+1=2, 1+2=3, 2+3=5 이렇게요. 피보나치는 어떤 사람이 토끼를 기르기 시작하면, 1년 뒤 몇 마리의 토끼를 갖게 될까 연구하는 동안 이 수열을 발견하게 되었어요. 비록 토끼 사육은 실제로 피보나치수열을 따르진 않지만, 그가 발견한 수열은 자연에서 아주 흔히 볼 수 있어요. 자연에서는 어떤 일이 일정한 순서로 반복해서 일어나니까요.

∞ (무한대)

무한대(∞)는 숫자가 아니에요. 절대 끝나지 않거나 한계가 없는 무언가를 표현할 때 사용하지요. 이 개념은 수학에서 꽤 유용해요. 예를 들면, 숫자를 계속해서 세거나 무언가를 끝도 없이 반으로 자르는 것을 표시할 때 사용할 수 있죠. 무한대는 물리학에서 시간과 공간 모두에서 영원히 계속된다는 개념을 설명할 때도 이용돼요.

$$\frac{c}{d} = \pi$$

$$3.1415926535\ldots$$

π (파이)

어떤 원이든 둘레의 길이(원주)를 지름(원을 가로지르는 길이)으로 나누면 늘 같은 값이 나와요. 바로 3.1415926535…랍니다. 이걸 짧게 파이(π)라고 해요. 소수점 뒤에 오는 숫자는 끝도 없이 이어져요. 성능이 좋은 컴퓨터로 소수점 아래 31조 자리 이상까지 계산했는데 반복되는 패턴이 나오진 않았어요. 원은 자연에 무수히 많으니까, 파이는 세계가 어떻게 돌아가는지 설명하는 데 유용하지요.

φ (피)와 황금비

황금비란 달팽이 껍데기의 회오리 모양이나 해바라기 씨앗이 나는 모양처럼 자연 전반에 걸쳐 나타나는 수학적 비례예요. 이집트 기자의 대피라미드를 포함해 많은 유명한 예술품과 디자인에 영감을 주었죠. 이 수학적 비례는 피(φ) 또는 1.618034로 정의되어요.

황금비는 오른쪽 직사각형에서 볼 수 있어요. 황금비를 가진 직사각형은 안에 선을 그어 한 변의 길이가 a인 정사각형을 만들었을 때, 나머지 직사각형이 처음의 직사각형과 정확히 똑같은 비율을 가져요. 이때 a÷b=1.618034이지요.

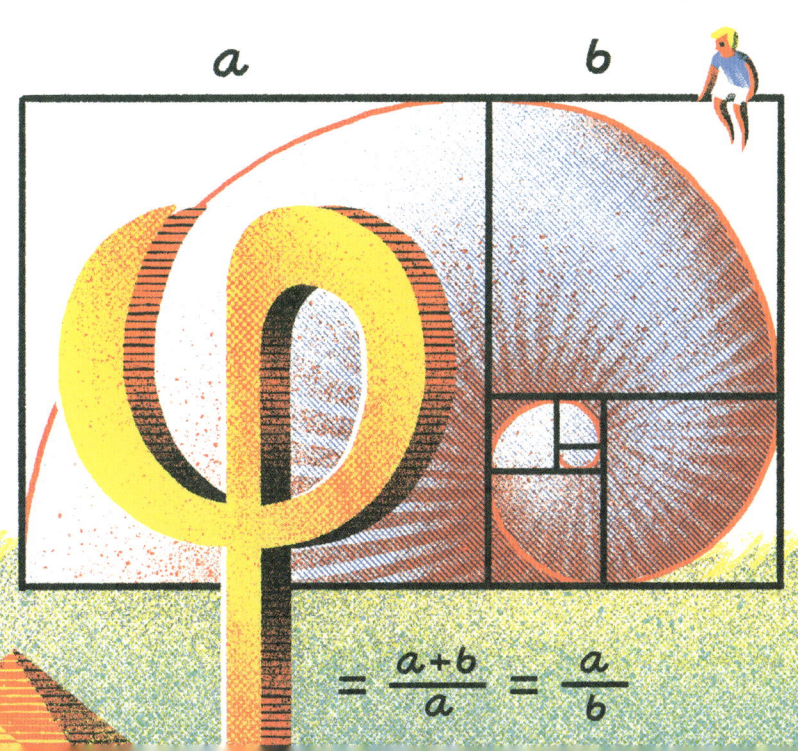

$$= \frac{a+b}{a} = \frac{a}{b}$$

컴퓨터는 왜 0과 1 두 가지 숫자만 사용할까?

우리의 뇌가 0부터 9까지 10개의 숫자를 사용할 수 있는데 반해, 컴퓨터는 0과 1 단 두 개의 숫자만 사용해요. 이러한 컴퓨터 코딩의 뿌리는 컴퓨터가 발명되기 수백 년 전으로 거슬러 올라가요. 1679년, 독일 수학자였던 고트프리트 빌헬름 라이프니츠가 모든 수를 0과 1 두 개만 써서 적는 방법을 발명해 냈어요. 이를 2진법이라고 해요.

0부터 10까지의 수를 2진법으로 쓰는 방법

2진법은 자리의 값을 2배씩 커지게 수를 나타내는 방법이에요. 먼저 표의 맨 위 빨간 숫자처럼 가장 끝에 숫자 1을 적고 오른쪽에서 왼쪽으로 한 칸씩 이동할 때마다 2배가 되는 숫자를 적어 나가요.

8	4	2	1	
0	0	0	0	0
0	0	0	1	1
0	0	1	0	2
0	0	1	1	3
0	1	0	0	4
0	1	0	1	5
0	1	1	0	6
0	1	1	1	7
1	0	0	0	8
1	0	0	1	9
1	0	1	0	10

0과 1만을 사용하여 0부터 10까지를 쓰려면 맨 위 빨강 숫자를 활용해야 해요. 빨강 숫자가 필요하면 그 자리에 1을, 그렇지 않으면 0을 적는 거죠.

예를 들어 숫자 5는 4와 1이 필요해요. 4+1=5니까요. 그러면 4와 1 자리에는 '1'을 나머지는 '0'을 쓰면 되겠죠? 더 큰 수를 표시하려면 첫 번째 가로 열에 있는 빨강 숫자를 더 늘리면 돼요. 큰 수일수록 1과 0으로 이루어진 코드는 더 길어질 거예요.

아래에 알파벳을 2진법으로 변형한 표가 있어요. 여러분의 이름을 2진법으로 써 볼래요?

A	1000001	N	1001110
B	1000010	O	1001111
C	1000011	P	1010000
D	1000100	Q	1010001
E	1000101	R	1010010
F	1000110	S	1010011
G	1000111	T	1010100
H	1001000	U	1010101
I	1001001	V	1010110
J	1001010	W	1010111
K	1001011	X	1011000
L	1001100	Y	1011001
M	1001101	Z	1011010

200년도 더 지난 후, 사람들이 컴퓨터를 개발하기 시작했을 때 2진법은 컴퓨터가 '말하는 것'을 도와주기에 꼭 맞았어요. 두 개의 숫자, 0과 1은 전류가 꺼지거나(0) 켜지는(1) 흐름과 일치했거든요.

애플리케이션이나 컴퓨터 게임을 하려면 컴퓨터 코드나 프로그래밍 언어를 사용해야 하죠. 그래서 모두 2진법으로 바뀌어요. 이게 컴퓨터의 언어니까요.

에이다 러브레이스

1815~1852

재능 많은 수학자였던 에이다 러브레이스는 1800년대에 발명된 '계산하는 기계'에 매료됐어요. 그래서 그 뒤에 숨은 수학을 열심히 탐구했지요. 어느 날 에이다는 '컴퓨터'가 기다란 덧셈의 답을 알아내는 것보다 훨씬 더 많은 일을 할 수 있다고 깨달았어요. 컴퓨터가 음악이나 그림을 포함해 숫자로 코딩될 수 있는 모든 데이터를 다룰 수 있을 거라고 생각했지요. 100년 후, 그녀의 생각은 사실로 드러났어요. 에이다는 최초의 컴퓨터 프로그래머인 셈이지요.

암호 해독하기!

암호란 특정 메시지를 전하는 숫자나 신호예요. 암호는 대체로 비밀이어서, 정확히 어떤 방식으로 쓰는지 알고 있는 사람만 암호를 읽을 수 있지요.

이 암호를 해독할 수 있나요?

YM TAC SI YRGNUH

*모든 단어를 거꾸로 읽어 보세요.

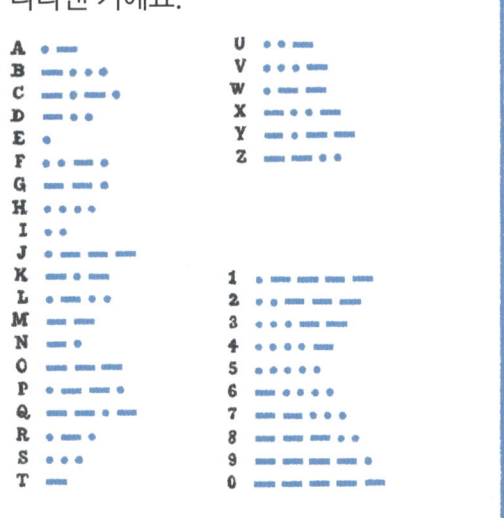

모스 부호

글자와 숫자를 점과 선으로 나타낸 거예요.

역사상 가장 유명한 암호 해독가들은 대부분 수학자들이었어요! 암호를 풀고 비밀 메시지를 해독하는 일에 수학이 자주 이용되었거든요. 제2차 세계 대전이 일어났을 때, 앨런 튜링과 조앤 클라크를 포함해 영국에서 제일 유능했던 수학자들은 독일군이 주고받는 암호화된 메시지를 해독해 달라는 부탁을 받았어요. 이들은 블레츨리 파크라는 비밀 장소에 모여 일했는데, 이때 굉장한 수학적 기계들을 사용했지요.

에니그마: 독일군이 암호를 만든 방법

처음에 튜링과 클라크는 독일 군대가 '에니그마'라는 기계로 만든 암호를 풀기 위해 연구했어요. 에니그마는 수십 억 가지 다른 구성으로 매일 설정이 변하였어요. 독일군은 에니그마로 만든 암호를 푸는 건 불가능하다고 자신했어요. 그래서 폭격기로 공격할 시간과 장소 같은 중요한 정보를 전달하는 데 에니그마를 사용했지요.

봄브: 메시지를 읽고 해독하기

튜링은 암호화된 메시지에서 패턴을 찾아냈고, 그 규칙이 무언지 알아낼 정도로 수학에 뛰어났어요. 그는 에니그마 패턴과 규칙을 더 빨리 계산하기 위해 '봄브'라는 기계를 만들었지요. 봄브를 이용해 암호를 조금 더 빨리 풀 수 있었지만, 그래도 해독 작업은 여전히 어려웠고 느리게 진행되었어요. 클라크와 동료 수학자들이 봄브를 사용해 독일군의 암호 여섯 개를 푸는 데 세 달이나 걸렸지요.

콜로서스: 암호 해독하기

1944년 무렵, 블레츨리 파크에서 일하던 수학자들은 2진법으로 쓰인 독일군 암호를 해독하기 위해 '콜로서스'라는 전기 기계를 만들었어요. 콜로서스는 봄브보다 훨씬 더 짧은 시간 안에 수백만 건을 계산해 낼 수 있었죠. 콜로서스는 세계 최초의 대형 전자 컴퓨터라 할 수 있어요. 영국과 동맹국들이 콜로서스로 독일의 작전을 미리 알아낼 수 있었기 때문에 전쟁을 더 빨리 끝낼 수 있었답니다.

숫자는 끝이 없어요, 가능성도 마찬가지예요

수학이 어렵다고 느껴진다면 수메르인이 되어 60진법으로 셈을 한다고 상상해 보세요! 학교에 늦지 않게 가는 게 어렵다면 로마인이 되어 시간을 확인하는 방법이 해시계밖에 없다고 상상해 보세요!

숫자는 수를 세는 것부터 시작해, 훨씬 더 큰일을 할 수 있어요. 숫자의 세계를 이해하기만 하면 우리는 숫자를 이용해 세상을 이해할 수 있지요.

숫자와 시간은 지구에 사는 77억 명이나 되는 사람들이 생활을 체계적으로 꾸려 갈 수 있도록 도와줘요. 우리 세계가 시계처럼 착착 돌아가게 해 주는 훌륭한 발명품이지요. 이뿐만이 아니에요. 자연에 숨어 있는 숫자들의 규칙을 밝혀내면 지구의 역사, 그리고 지구에 사는 모든 생물의 역사를 설명할 수 있어요.

수백 년에 걸쳐 수학 지식을 늘리면서 우리는 숫자를 활용해서 높은 건물을 짓고, 컴퓨터를 만들고, 인간을 달에 보내는 것은 물론, 로봇까지 만들 수 있게 되었어요.

하지만 우리가 수학에 관한 모든 걸 다 아는 건 아니에요. 아직 풀어야 할 문제가 남아 있고, 풀지 못한 우주의 비밀도 많아요. 여러분이 풀어 보고 싶지 않나요?

용어 사전

거래: 물건을 사고파는 것을 말해요.

경도: 지구의 위치를 세로로 나타내는 표시예요. 한 지점의 경도는 그 지점을 지나는 자오선과 영국의 그리니치 천문대를 지나는 본초 자오선이 이루는 각도랍니다.

고대 그리스: 기원전 700년 무렵 시작된 문명으로 로마가 기원전 146년에 그리스를 점령할 때까지 흥성했어요. 서양 문명의 기원으로 여겨져요.

고대 로마: 거의 1,000년 동안 거의 모든 유럽을 다스렸던 강력한 제국이에요.

궤도: 행성, 혜성, 인공위성 따위가 다른 천체의 둘레를 돌면서 그리는 곡선의 길이에요.

그레고리력: 거의 전 세계에서 통용되는 달력으로 교황 그레고리우스 13세가 1582년에 도입했어요.

근삿값: 정확한 참값을 계산할 수 없을 때, 이에 가까운 수로 셈하여 알아낸 값이에요.

기자의 대피라미드: 이집트 카이로 근처에 고대 이집트인들이 지은 거대한 피라미드예요.

기하학: 점, 선, 각이 있는 어떤 것의 크기, 모양, 위치를 연구하는 수학의 한 분야예요.

데이터: 컴퓨터가 처리할 수 있는 문자, 숫자, 소리, 그림 따위의 형태로 된 정보예요.

도량형: 길이, 부피, 무게 등을 재는 도구나 방법을 말해요.

리디아: 기원전 7세기부터 기원전 6세기까지 소아시아 서쪽 지방에서 번성했던 왕국이에요.

메소포타미아: 서남아시아의 티그리스강과 유프라테스강 사이에 있는 지역으로, 오늘날 이라크를 중심으로 시리아 동북부와 이란 서남부를 포함해요. 고대 문명 발상지 가운데 하나이죠.

물건: 사람들에게 쓸모가 있거나 가치가 있어 사고팔 수 있는 것을 말해요.

미터법: 길이와 부피, 질량을 재는 방식으로, 10을 기본 단위로 해요.

바빌로니아: 메소포타미아의 동남부 유프라테스강과 티그리스강의 하류 지역을 말해요. 메소포타미아 문명의 발상지이지요.

북극: 지구 중심축의 가장 북쪽 끝 지점이에요.

분수: 한 무리나 숫자를 전체라고 봤을 때 그 일부분을 말해요.

수메르: 현재 이라크 남쪽인 고대 메소포타미아 남부 지역을 말해요. 이곳에서 인류 최초의 문명이 발생했지요.

시간대: 영국 그리니치 천문대(경도 0도)를 기준으로, 지역에 따른 시간의 차이를 인위적으로 조정하기 위해 만든 시간의 구분선이에요.

쐐기 문자: 기원전 3100년경부터 기원전 1세기 중엽까지 수메르인과 바빌로니아인이 사용했던 문자예요. 쐐기는 나무나 쇠의 끝을 뾰족하게 만들어 물건 사이를 벌리는 데 쓰는 도구인데, 이 문자가 쐐기를 닮아 쐐기 문자라고 해요.

야드파운드법: 길이의 단위를 야드, 무게의 단위를 파운드, 부피의 단위를 갤런 등으로 재는 방식으로, 미터법을 쓰기 전에 사용했어요. 오늘날에도 미국과 영국 등에서 사용되고 있어요.

양수: 0보다 큰 수예요.

위도: 지구에서의 위치를 가로로 나타내는 표시예요. 적도를 중심으로 남북으로 평행하게 그은 선이죠. 적도를 기준으로 북쪽의 것을 북위, 남쪽의 것을 남위라고 해요.

음수: 0보다 작은 수예요.

자오선: 지구의 두 극점을 지나 적도와 수직으로 만나는 큰 원으로, 시각을 나타내는 기준이 되어요.

주기: 어떤 일이 시작되어 다음번 되풀이되기까지의 기간을 말해요.

주판: 수를 세고, 더하고, 곱하고, 빼는 데 사용하는 도구예요. 구슬을 꿴 얇은 철사 여러 줄을 사각 틀에 끼워 넣어 만들었어요.

질량: 물체가 가지고 있는 물체 고유의 양이에요. 지구가 물체를 잡아당기는 힘을 뜻하는 무게와는 다르지요. 질량의 단위는 그램이나 킬로그램 등이에요.

천문학: 지구 대기권 밖에 있는 모든 물체를 과학적으로 연구하는 학문이에요. 태양, 달, 행성, 별, 은하계를 비롯해 우주의 모든 물질을 포함해요.

철학: 인간의 삶과 세계가 본디부터 가지고 있는 성질이나 모습을 연구하는 학문이에요.

측량: 도구를 사용하여 높이, 깊이, 넓이, 방향, 무게, 위치 등을 재는 것을 말해요.

캐럽나무: 붉은 꽃을 피우는 상록수예요. 줄기를 먹을 수 있어요.

코딩: 컴퓨터가 수행할 작업을 알려 주는 명령 체계를 만드는 것을 말해요.

태양년: 태양의 위치를 기준으로 한 해를 365일로 세지요.

프랑스 혁명: 프랑스 시민들이 왕을 몰아내고 시민의 대표가 나라를 다스리게 된 사건이에요. 1789~1799년까지 걸렸어요.

프로그래머: 컴퓨터 프로그램을 만드는 사람이에요.

10진법 또는 아라비아 숫자 체계: 0, 1, 2, 3, 4, 5, 6, 7, 8, 9라는 열 개의 숫자를 사용하는 숫자 체계예요. 열 배마다 윗자리로 올려 큰 수를 표시해 나가죠.

2진법: 0과 1을 사용해 숫자를 적는 숫자 체계예요.

글_이사벨 토머스

영국 옥스퍼드 대학교에서 공부했습니다. 지금은 과학책과 어린이책을 쓰고 있어요. '영국 공학자 협회 올해의 과학책', '영국 왕립 협회 어린이책 부문 상', '블루 피터 책 상' 최종 후보에 올랐어요. 어린이 과학 잡지 〈WHIZZ POP BANG!〉과 어린이 시사 주간지 〈THE WEEK JUNIOR〉에도 글을 쓰고 있답니다. 과학과 예술을 접목해서 학교와 축제를 위한 창의적인 워크숍을 진행하기도 해요. 지은 책으로 《이건 쓰레기가 아니에요》, 《이 책은 지구를 시원하게 해 줘요》 등이 있어요.

그림_다니엘라 올레즈니코바

슬로바키아의 브라티슬라바에서 태어났으며, 미술대학에서 판화를 공부했어요. 주로 디지털 일러스트레이터로 일하지만, 리놀륨 판화, 수채화, 유화 등 다양한 기법을 이용하기도 해요. 그동안 《살아 움직이는 그림》, 《열세 살》, 《잃어버린 단추》, 《해충 박물관》 등의 어린이 및 청소년 책에 그림을 그렸으며, 《아기 늑대를 위한 약》이라는 책에서는 직접 글을 쓰고 그림을 그렸어요.

옮김_박혜원

대학교에서 영어학을 전공하고 대학원에서 영어교육학으로 석사학위를 받았어요. 미국과 캐나다에서 2년간 영어와 교육학을 공부했고, 중학교와 고등학교에서 영어를 가르치다가 글밥 아카데미를 통해 번역의 길로 들어섰지요. 지은 책으로는 《유학영어 길라잡이》가 있고, 옮긴 책으로는 《이상한 나라의 앨리스》, 《빨강 머리 앤》, 《맥주를 만드는 사람들: 가장 완벽한 브루어를 찾아서》 등이 있어요.

In Great Numbers: How Numbers Shape the World we Live in
Published by Little Gestalten, Berlin 2020
Illustrated by Daniela Olejniková
Written by Isabel Thomas, Robert Klanten, Maria-Elisabeth Niebius,
and Raphael Honigstein
Copyright © 2020 by Die Gestalten Verlag GmbH & Co. KG
Korean translation copyright © 2022 by Dahli Children's Books, Inc.
Korean translation right arranged with Little Gestalten through EYA (Eric Yang Agency).

이 책의 한국어판 저작권은 EYA(Eric Yang Agency)를 통한 Little Gestalten과의 독점 계약으로 (주)도서출판 달리가 소유합니다.
저작권법에 의하여 한국 내에서 보호를 받는 저작물이므로 무단 전재 및 복제를 금합니다.

1,2,3
숫자의 모든 것

이사벨 토머스, 로버트 클랜튼, 마리아-엘리자베스 니에비우스, 라파엘 호니그슈타인 글 | 다니엘라 올레즈니코바 그림 | 박혜원 옮김

1판 1쇄 박음 2022년 2월 24일 | 1판 1쇄 펴냄 2022년 3월 3일
편집 정재은 | 디자인 심홍섭·안선주 | 마케팅 김홍주

펴낸이 박소연 | 펴낸곳 (주)도서출판 달리 | 등록 2002. 6. 4.(제10-2398호)
04008 서울시 마포구 희우정로16길 17-5 | 전화 02) 333-3702 | 팩스 02) 333-3703
ISBN 978-89-5998-427-5 77850